curiosidad por

LOS TIBURONES MARTILLO

POR MONIKA DAVIES

AMICUS LEARNING

¿Qué te causa

curiosidad?

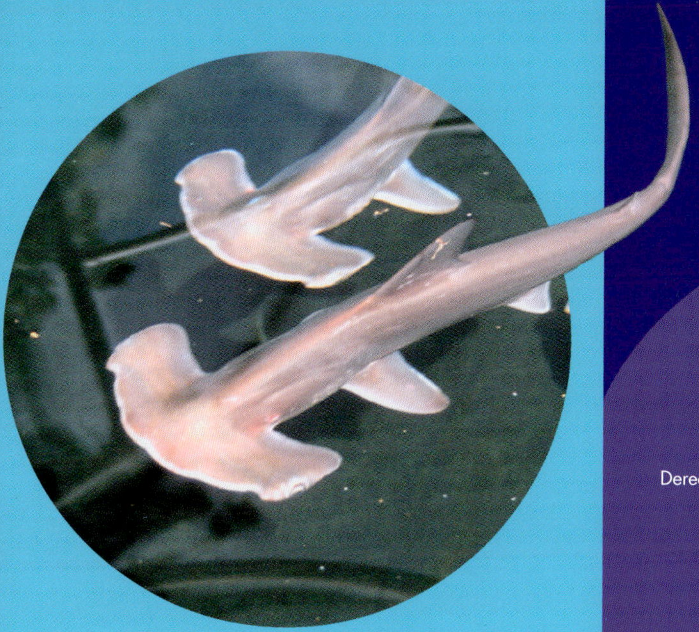

Curious About está publicado por
Amicus Learning, un sello de Amicus.
P.O. Box 227
Mankato, MN 56002
www.amicuspublishing.us

Editora: Ana Brauer
Diseñadora de la serie: Kathleen Petelinsek
Diseñadora del libro e investigadora fotográfica: Sara Hood

Library of Congress Cataloging-in-Publication Data
Names: Davies, Monika, author.
Title: Curiosidad por los tiburones martillo / by Monika Davies.
Other titles: Curious about hammerhead sharks. Spanish
Description: Mankato, MN : Amicus Learning, an imprint of Amicus, [2026] | Series: Curiosidad por los tiburones | Includes index. | Audience: Ages 6–9 | Audience: Grades 2–3 | Summary: "What is a hammerhead shark's favorite food? Learn about this unique ocean animal in this Spanish question-and-answer book for elementary-aged readers. Translated into North American Spanish. Includes infographics, table of contents, glossary, and index"—Provided by publisher.
Identifiers: LCCN 2024052113 (print) | LCCN 2024052114 (ebook) | ISBN 9798892006859 (library binding) | ISBN 9798892007450 (paperback) | ISBN 9798892008051 (ebook)
Subjects: LCSH: Hammerhead sharks—Juvenile literature.
Classification: LCC QL638.95.S7 D3818 2026 (print) | LCC QL638.95.S7 (ebook) | DDC 597.3—dc23/eng/20241223

Créditos fotográficos: Alamy Stock Photo/ArteSub, 3, 18–19, Tobias Friedrich, cover, 1, WaterFrame_fur, 17; Getty Images/by wildestanimal, 15, Colors and shapes of underwater world, 4-5, Gerard Soury, 2, 6, Ken Kiefer 2, 2, 12–13, 9, 10–11, Norbert Probst, 21, Photo by Danny James, 14; Shutterstock/ KS-Design, 7; The Noun Project/Bakunetsu Kaito, 22, 23, Dolly Holmes, 22, supalerk laipawat, 23; Vecteezy/om1947, 8

Impreso en India

¿Por qué se llaman tiburones martillo?

Los tiburones martillo tienen un aspecto único. ¡Su cabeza plana y ancha parece un martillo o un mazo! Esto hace que su nombre sea fácil de recordar. Algunos tiburones martillo son grises, mientras que otros son marrones. La mayoría tiene el vientre blanco.

¿SABÍAS QUE...?

El tiburón martillo más grande pesaba casi 1,000 libras (454 kilogramos). ¡Un piano de cola pesa más o menos lo mismo!

Los tiburones martillo pueden vivir de 20 a 30 años.

El cornuda coronada es el tiburón martillo más pequeño.

¿Hay diferentes tipos de tiburones martillo?

COMPARACIÓN DE TAMAÑOS:
¿Qué tan grande es un tiburón martillo?

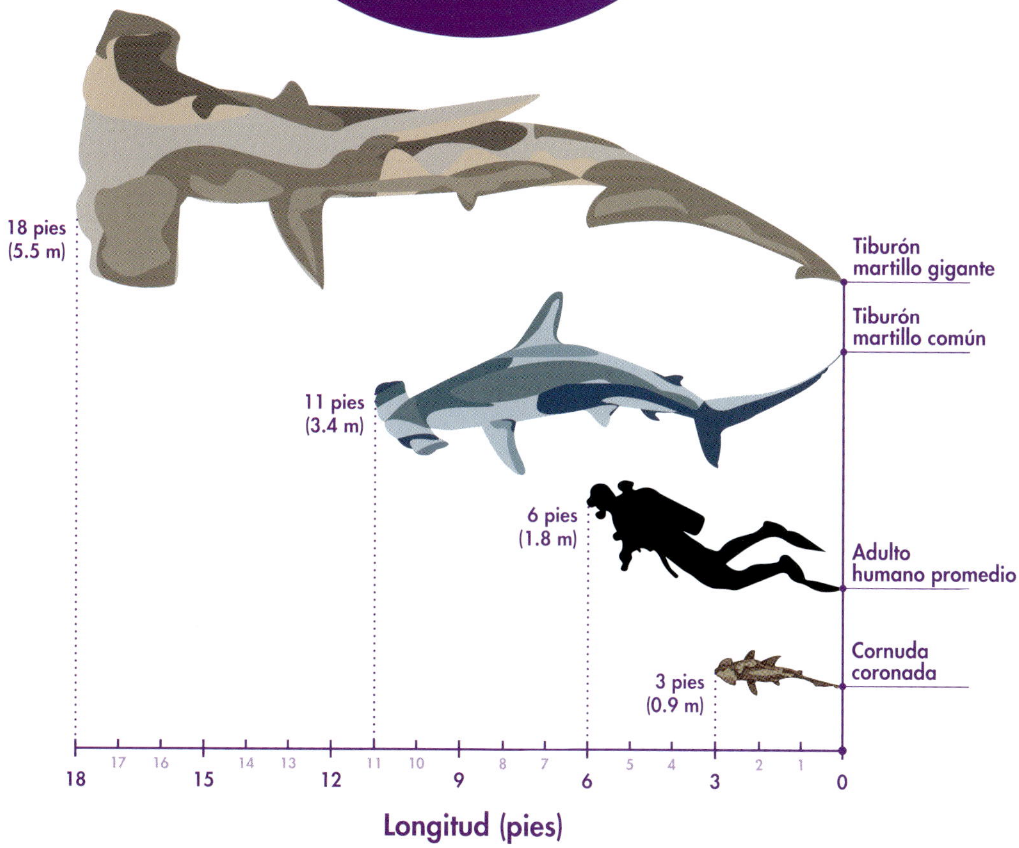

¡Sí! Hay al menos nueve **especies** diferentes de tiburones martillo. Los hay de todos los tamaños. El más grande es el tiburón martillo gigante. El más pequeño es el cornuda coronada. Pero todos comparten la misma forma **distintiva** de la cabeza.

¿Puedo nadar con uno?

¡Puedes si tienes cuidado! Los tiburones martillo no suelen atacar a los humanos. Sus bocas pequeñas son mejores para comer peces. A los tiburones les gusta nadar en aguas cálidas. Se encuentran en la mayoría de nuestros océanos. Por lo general, permanecen cerca de la tierra.

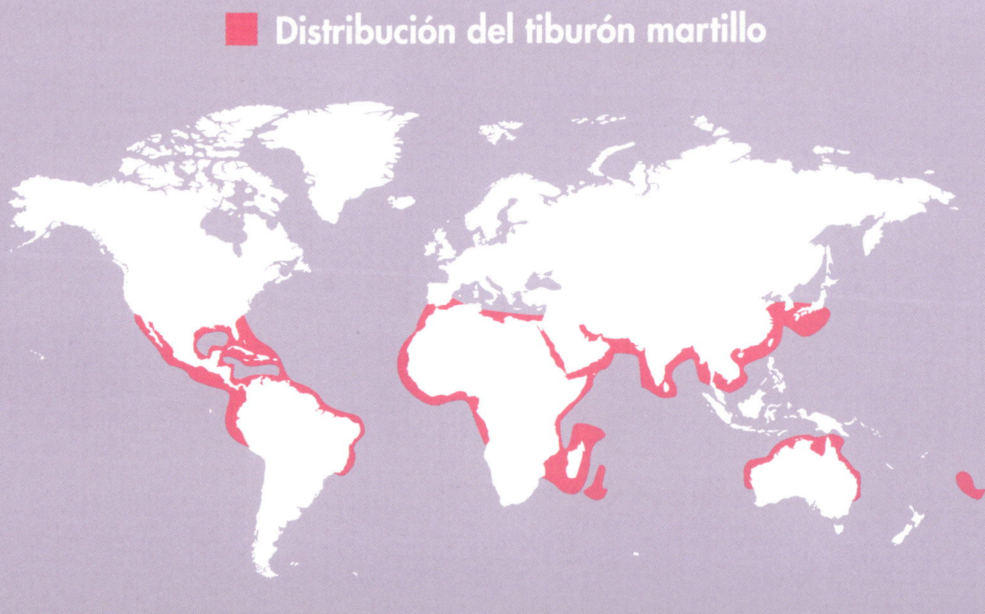

Los buceadores a menudo nadan con tiburones martillo.

¿Por qué tienen la cabeza así?

¡Nadie lo sabe con certeza! Los tiburones martillo tienen un solo ojo y una **fosa nasal** a cada lado de la cabeza. Para ver, mueven la cabeza de un lado a otro. Esto les permite mirar rápidamente a su alrededor y les da una visión de 360 grados.

Todos los tiburones martillo tienen una cabeza plana en forma de T.

¿SABÍAS QUE...?

Hay tres formas de tiburón martillo: liso, festoneado y gigante. ¿Puedes distinguirlos?

CAPÍTULO DOS

¿Cómo cazan los tiburones martillo?

Los tiburones martillo utilizan su ancha cabeza para aplastar a sus **presas** contra el suelo. También tienen **órganos** especiales en la cabeza. Estos pueden detectar los campos eléctricos de otros peces. ¡Usan esta habilidad para encontrar peces escondidos en la arena!

Los tiburones martillo suelen cazar solos.

¿Qué comen los tiburones martillo?

Depende del tipo de tiburón martillo. Los tiburones martillo más pequeños tienen dientes más planos. Mastican cangrejos, camarones y peces. Los tiburones martillo más grandes tienen dientes que cortan a sus presas. Las rayas son su comida favorita. También comen calamares y otros tiburones.

Un tiburón martillo comerá cualquier cosa que pueda atrapar.

¿Los tiburones martillo nadan de lado?

¡Algunos lo hacen! La mayoría de los tiburones tienen aletas más largas en los costados. Pero los tiburones martillo tienen una aleta dorsal más alta. Estas aletas están en la parte superior de su cuerpo. Nadar de lado los ayuda a ahorrar **energía**. También nadan más rápido de lado.

Los tiburones martillo suelen nadar en un ángulo de entre 50 y 75 grados.

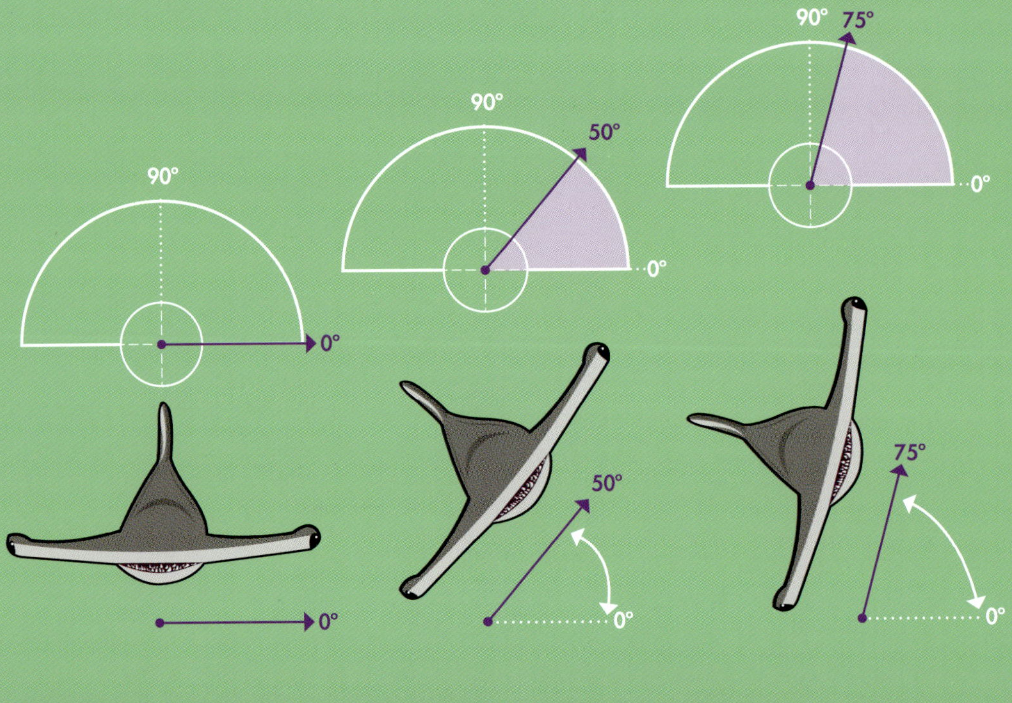

Los tiburones martillo ruedan mientras nadan.

CAPÍTULO TRES

¿Cómo nacen las crías de tiburón martillo?

Los tiburones martillo bebés se llaman crías.

¿SABÍAS QUE...?
Los tiburones martillo nacen con la cabeza blanda. Así no se atascan durante el parto.

Las crías de tiburón martillo comienzan su vida dentro de los huevos. Las crías **rompen el cascarón** dentro de la madre tiburón después de unos 11 meses. Las madres siempre dan a luz crías vivas. ¡Pueden tener hasta 42 crías! Las crías miden aproximadamente 2 pies (0.6 m) de largo.

¿Los tiburones martillo están en peligro de extinción?

Los cornuda coronada están en grave **peligro de extinción**. Otros están amenazados. Son víctimas de la sobrepesca. Pueden quedar atrapados en las redes de pesca. Algunos humanos los cazan para alimentarse. Los tiburones también son apreciados por sus aletas. Este tiburón único es cada vez más difícil de encontrar en nuestros océanos.

¿SABÍAS QUE...?
Desde 2024, es ilegal que los pescadores capturen tiburones martillo en el Caribe estadounidense.

Los cornuda coronada son los tiburones martillo más amenazados.

HAZ MÁS PREGUNTAS

¿Los tiburones martillo permanecen en un solo lugar?

¿Cuál es el mejor lugar para ver un tiburón martillo?

Prueba con una PREGUNTA GRANDE: ¿Cómo pueden los humanos cuidar a los tiburones martillo?

BUSCA LAS RESPUESTAS

Busca en el catálogo de la biblioteca o en Internet.
Pueden ayudarte tus padres, un bibliotecario o un maestro.

Usar palabras clave
Busca la lupa.

Las palabras clave son las palabras más importantes de tu pregunta.

?

Si quieres saber sobre:

- movimiento del tiburón martillo, escribe: MIGRACIÓN DEL TIBURÓN MARTILLO
- dónde encontrar tiburones martillo, escribe: UBICACIONES DE TIBURONES MARTILLO

GLOSARIO

distintivo Tener una característica que hace que una cosa sea diferente a otras.

en peligro de extinción Para describir un tipo de animal que se ha vuelto difícil de encontrar y podría extinguirse por completo.

energía Capacidad de moverse o estar activo.

especie Un grupo de animales que son similares y pueden producir crías.

fosa nasal Una de las dos aberturas de la nariz.

órgano Parte del cuerpo que tiene una función determinada.

presa Un animal que es cazado por otro animal para alimentarse.

romper el cascarón Nacer al salir de un huevo.

ÍNDICE

Acerca de la autora

Monika Davies es una autora canadiense que ha escrito más de 60 libros para lectores jóvenes. Cree que los tiburones son fascinantes, ¡y espera que tú estés de acuerdo con ella! Cuando Monika no está escribiendo, la puedes encontrar paseando por la orilla del mar, leyendo libros demasiado rápido o intentando mantener con vida sus siete plantas.